그래도 인생은 아름다워

강태민

observ.

목차
CONTENTS

책 소개

1. 평범한 사랑

2. 평범한 우울

3. 평범한 상념

책 소개

"내 인생은 과연 아름다울까?" 라는 질문을 가지고 몇 날 며칠을 고민에 빠진 적이 있었다. 마냥 아름답지만은 않은 삶을 산 나는 평범한 인생을 가장 꿈꾸는 지극히 평범한 사람이다.

평범한 이별, 평범한 사랑, 평범한 기쁨 그리고 평범한 우울. 지났을 때는 모두 평범한 것처럼 느껴지는 모든 순간 순간들이 내게는 가장 특별하게 다가왔다. 마냥 평범하지는 않은 삶의 순간들이 누군가에게 공감이 됐으면 좋았을 마음으로 글을 썼다.

인생은 아름다울까? 지금 내 대답은 "yes"다. 물론 아름답지 않던 순간들도 존재하겠지만 그 모든 순간들이 얽혀져서 우리의 인생이 만들어진다고 생각한다. 달에도 뒷면이 있는 것처럼 우리에게도 그저 뒷면이 있는 것뿐이다. 하지만 우리는 달을 충분히 아름답다고 생각하지 않는가?

매 순간 가장 아름다운 삶을 살아온 우리들에게 이 글을 바친다.

1. 평범한 사랑

사랑

사랑한다면 사랑을 아끼지 말고 표현하라
마음을 나타내는데 그 어떤 말도 충분하지 않다
당신을 사모한다고 당신이 내 존재의 이유라고
당신이 없는 내일은 도저히 그려지지 않는다고

세상에서 가장 다정한 사람은 될 수 없겠지만
내가 가진 다정함을
모두 그대에게 전하고 싶다

나는 그것으로 족하다

늘 그런 것 처럼

항상 새로운 인연에 치이고,
새로운 만남을 하고
새로운 이별을 한다
모든 것은 항상 새롭다.
모든 것이 새롭게 느껴지기에 우리는
알면서도 또

다시 새로운 인연에 치인다.

그대의 존재

그대의 존재가 오늘 아침 내가
눈을 뜰 수 있게 하는 원동력이고

그대의 존재가 오늘 밤 내가
뜬눈으로 지새고 있는 이유입니다

인연과 선택

사랑은 언제나 갑자기 찾아온다
예기치 못한 순간
예기치 못한 선택으로

어쩌면 매 순간의 선택이
너와 나의 운명으로 이어졌을지도

돌려 말하기

목소리가 듣고 싶어 어디냐 물었고
얼굴이 보고싶어 뭐하냐 물었다
이런 말 하나도 직접 못하는 나인데,

내 마음을 표현 하고싶으면
너에게 무엇을 또 물어봐야 할까

추신

나는 널 바라본다 너도 나를 보고는 있지만
너와 나의 시선이 다르다는 걸 알기에
오늘도 또 상처받는다
너와 같은 것을 보기 위해 한 내 노력이
그저 물거품이 된 것만 같다.
널 좋아한다고 용기내고 싶었지만,
이제 더 이상 너와 시선을 같이 할 수조차 없을까 봐
오늘도 혼자 내뱉고 혼자 이별하고 혼자
우울감에 빠지곤 한다
"나도 용기내고 싶었어 끝내 용기내지 못해 미안"

추신, 아직도 함께 있는 우리 모습을 꿈 꾸곤 해

선

너와 나는 딱 그 정도다
서로의 안부를 묻고,
밥은 챙겨 먹었냐는 질문을 하고,
눈 뜨기 싫은 아침 잘 잤냐는 인사로 반기고
하루가 힘들 때 괜찮냐 위로해주는 딱 그 정도
서로의 선이 너무 싫다
넘어볼까 하면 따라서 멀어지는 그 선이

오답

이미 너무 멀리 떠나
되돌릴 수는 없는 것일까?
모든 하루 하루는 네가 낸 문제였고,
내가 한 모든 행동은 생각도 못한 채

모두 오답이었다

핑계

인정하고 싶지는 않지만
인정하는 순간
내가 너무 유치해지고
또 유치한 걸 아는데 너가 자꾸 생각나
널 한 번 더 볼 이유하나 만드는 게

그게 왜 그렇게 어려운지

권태

변한 네 모습이 두려웠다
어떤 반응을 보여야 할 지 몰라 상황을 회피했다.

그러자 너는 내가 변했다고 말한다

아니 어쩌면 처음부터 변한 건 나인가 보다
내가 변했기 때문에 가만히 서있는 네가,
평소와 다르게 보였던 건 아니었는지

우리의 봄

선선한 바람이 부는 봄 날씨와
색 색깔 아름다운 야경과
머리위에 피어난 벚꽃보다
그냥 내 앞에 있는 너 하나 때문에

이번 봄은 유독 더 풋풋하네

愛之欲其生 (애지욕기생)
 -사람은 사람을 살아가게끔 한다

네게 잘잤냐는 연락을 보내기 위해
매일 아침 눈을 뜨고
네게 잘자라는 말을 하기 위해
오늘 하루도 겨우 살아가
날씨를 챙기게 된 이유도 너가 혹시 비라도 맞을까 봐

나는 오늘도 너를 위해 살아가나 봐

너와 나

새로운 사람과 함께 찾아오는,
새로운 취미
새로운 사람과 맞춰가는,
새로운 계획
우리는 서로 사랑하기에
오늘도 조금 더 닮아간다

풋사랑

당신의 말 한마디가
날 흔들고
당신의 눈웃음이 날 죽여버리니
오늘도 저는 그저
당신을 바라만 볼 뿐

꽃가람

당신을 그리며 흘린 제 눈물은
꽃이 되어 떠내려갑니다
그러니 부디 그대는
제 눈물을 밟고 지나가주세요

당신을 마주할 수 있기에
제 꽃들은 그제서야 의미가 생겼습니다.

이별

우리 마지막 날까지
서로 말도 안 했는데 같은 색 옷 입고 왔네
그 때 우리가 처음 같이 맞춰 입었던 날 기억나?
그 날 우리 진짜 행복했는데,
지금은 그냥 지나간 일이 돼 버렸네
마지막에 그만하자고 말하는 네 모습이 너무 차가워서
다른 말은 아예 입밖으로 나오지도 않더라
어느정도 생각은 했어도 직접 들으니까
그만하자는 말 되게 아프다

마지막 보내는 길을 못 바래다줘서 미안

의미부여

별것도 아닌 것 같은데
너 말 하나 하나에 의미부여하고
나 혼자 마음을 접었다 폈다가
그게 너무 싫은데
또 그렇다고 포기하기에는
이미 너무 커져버린 거 같아서

너무 힘들다 진짜

사랑2

처음엔 너를 만나는 순간이 가장 좋았다면
지금은 만남을 기다리는 순간이 더 좋다
계속 너를 생각할 수 있으니까
점점 더 애틋해질 수 있으니까

정말 감사한 일이다
조금의 비용도 지불하지 않고
매 순간
서로에게 값진 선물을 건넬 수 있다는 게

달이 이뻐서

달이 아름답다고 너에게 연락했다
너가 달을 보며 조금이라도 내 생각을 했으면,
사실 달이 아름다운 건 핑계일 뿐이다
가장 아름다운 건 당신이었기에

당신을 생각하며 달을 보고 있는 지금
너도 나와 같은 것을 보고 있으면 좋겠다

기대와 실망의 경계에서

네가 날 더 의식해줬으면
내 하루를 결정하는 건
오직 너 하난데
나를 포기할지
너를 포기할지
그 사이의 경계에서

내가 어떻게 너를 포기해

예쁜 단어를 골라

내가 내뱉는 말 중 가장 의미 있는 말을
그대에게 전하고 싶다
내가 한 말들이 너무 가벼워 보이지는 않게
단어 하나 하나에도 고민에 시간을 쏟는다

물론
이 세상 어떤 단어도
그대를 향한 내 마음을 표현하기에는 충분치 않지만

광대

나의 고통이
그대에게 행복이라면
이 한 몸 기꺼이 바쳐
당신에게 닿겠습니다

당신의 웃음으로,
당신의 기쁨으로

혼자만의 노력

나는 우리가 등을 맞대고 있다
생각하고 있었는데
멀리서 보니까
그냥 혼자 벽에 등을 붙이고 있더라
그런 내 모습이 너무나 우스워서.

서로가 애쓰는 줄 알았는데
이제 보니 그냥
그냥 나 혼자 애쓰고 있더라고
이제 나만 애쓰는 이런
이런 관계는 그만 끝낼라고.

영원은 없는데 영원함이라는
단어는 왜 있나요

누군가는 타인을 완전히 이해할 수는 없다고 했다
그러나 그녀가 나를 이해하고
나도 그녀를 이해한다는 느낌을 받을 때
서로가 서로를 의식하는 것이 너무나도 신경 쓰일 때
사소한 나의 말 한마디에도 웃어주는 그녀가
나보다도 나를 더 잘 알아내는 사람이
지금 내 옆에 그대라
나도 그만큼 당신을 자주 알아주고 싶다
서로가 서로에게 자주 웃음을 주고
누구에게도 털어놓지 못한 슬픔을 나누고
그렇게 우리만의 대화를 더 자주 남기고 싶다
우리가 기억할 수 있는 하루를 더 보내고 싶다
너와 함께하는 시간이 더 자주 있었으면 좋겠다

자주가 영원이 되었으면 좋겠다

'자주가 영원이 되었으면'

새로운 습관

너를 만난이후
새로운 습관이 생겼어
자기 전 다음날 날씨를 확인하는거,
날이 쌀쌀하면 옷은 잘 챙겨 입기를
비가 오면 꼭 우산을 기억하길
그리고 날씨를 보며 나를 꼭 생각해주기를

시간의 괴리감

너와 함께한 모든 날의 시간은
잡히지 않을 만큼 빨랐는데
너가 없는 지금 내 시간은 너무나 느려
널 지우려 독서도 해보고
새로운 취미를 찾으려 요리도 해봤는데
아직도 난 널 그리워해
시간이 약이라는 말도 있던데,
너가 계속 그리워서 그런지
내 시간은 잘 안 흐르네

이별2

아프다,
아무도 모르게 숨겼던 너의 흔적을
은연중에 내가 찾아버렸다.
당연하다 생각했던 모든 것들이 사치였고,
나는 사치를 부리기에 맞는 사람이 아니다.

첫 눈

사람들은 첫눈에 열광한다
하지만 진짜 첫눈은
가장 밑에서 다른 눈들이 쌓일 수 있게
그저 받쳐 주기만 하다 가장 먼저 녹아버린다
나도 너에게 첫눈이 되고 싶다

너를 위해 녹아버려도 좋으니.

자화상

요즘 제가 좀 이상합니다
그 사람이 퍽 좋아지다가
또 막 싫어지기도
그래놓고는 또 웃고 울고 행복해하고

요즘 제가 좀 이상합니다

사랑의 역설

외로움 없는 사랑은 없다
외롭기 때문에 더 사랑할 수 있다고
그래서 나는 지금 외로운 연애를 한다.
이별 없는 사랑은 없다
이별이 있기에 사랑은 더 아름다운 거라고
그래서 나는 오늘 이별을 했다.
하지만
사랑에 정답이 어디 있고, 이별에 이유가 어디 있나

나는 이유 없는 사랑을 했고
정답 없는 이별을 했다.

또 다른 설렘

처음은 뭐든지 설렘을 준다
하지만 그 설렘이 지나고
새로운 것이 더 이상 새롭지 않아질 때쯤
익숙함은 내게 또 다른 안정감을 준다
그리고 그 안정감 속에서
나는 또 다른 설렘을 얻는다

이별3

너와 함께 한 모든 것이 꿈만 같다
내가 이상형이라고 처음 말한 네가
내 옆에 있는 것도
또 그런 당신이 웃으며 내게 해준 사랑고백도
우리가 같이 걸었던 혜화동 그 거리도

이제는 잠에서 깨야 할 시간인가보다
슬프지만 너는 꿈 속에 내버려 둔 채로

향수

너라는 향은 생각보다 더 진했다
네 향기는 서서히 나를 덮쳤고
네가 날 떠났던 순간에도
네 잔향은 항상 나를 따라다녔다
지워보려 눈물로도, 술로도 씻어내 보기도 했으나
이미 내 몸을 가득 매운 네 향기는
쉽사리 사라지지 않았다
나만의 취미라 생각했던 것들은
온통 너와 함께 생겨난 취미였고
내가 좋아한다 생각했던 것들도
모두 너와 함께 보내던 시간들이었다

비가 내리는 오늘 밤
너는 흔적이 되어 또 나를 덮는다

찰나 속 너와 나

연애라는 것에서 나는
그 사람을 온전히 가져서는 안 된다
그냥 단지
그 사람의 찰나 속에서 살아가는 것뿐
그리고 그 찰나가 모여서
우리가 된다는 것

가장 특별해서

사람들은 특별한 걸 더
오래 기억한다고 한다
근데 나는
너랑 이렇게 보내는
사소하고 가벼운 일상이 좋다
너와 나의 기억은
그 무엇보다 내게 특별하니까

너는 나의 전시회

작가 미상의 알 수 없는 작품
또 그 안에 담긴 알 수 없는 의미
조금이라도 그에게 닿아보고자
귀로도 들어보고 눈으로도 바라보고
직접 하나씩 체험도 해가며
오늘도 나는 그대를 감상하는 중

언젠가는 그대를 이해할 수 있기를
내가 당신의 팬이 될 테니

그 때와 그대

그 때 행복했던 우리는
그냥 그대로 두자
다시 되돌리기는 너무 멀어져 버렸으니
나중에 문득 생각이 난다고 해도
그냥 그 때는 좋았었지 할 수 있게끔
그니까 그냥 우리 관계는

그때 그걸로 두자

니가 너무 그리워

평범하기만 한 내 일상에
특별함을 더해준 너인데
지금은 그런 너가 없어서
내 일상은
더 이상 평범하지 않아

너의 모든 계절은 유서였다

하얗던 날 기어코 죽여
산으로 들판으로 피어나더니
결국 그대로 다시 바다로
그리고 다시 산으로 갈대밭으로

기어코 내게 다시 돌아올 거면서
나는 알면서도 오늘도 그대를
어찌할 수 없이 웃으며
그대를 보낼 수밖에

첫사랑

가랑비라 무시했던 비는
날 적시기에 충분했고
내릴 때는 의식조차 못했던 너가
그치고 난 뒤에야
내가 흠뻑 젖어 있었단 걸 알았다

그게 내 첫사랑이었다.

첫사랑2

너무 너무 후회돼서 자꾸만 생각나는 사람
잊어보려 별 노력을 다해도 자꾸 떠오르고
또 다시 미워지는 사람
첫사랑은 기준이 된다는 걸 그대는 아는지
이제 당신을 닮은 사람을 찾아다닐 거라는 걸
누굴 만나더라도 그만큼 사랑할 수는 없다는 걸

2. 평범한 우울

나를 사랑하기

좋아하는 사람들과 좋아하는 일을 하는 것
좋아하는 음식과 좋아하는 술을 곁들이는 것
좋아하는 노래와 좋아하는 책을 읽는 것
좋아하는 영화와 좋아하는 취미생활
사소한 것들이지만 기억에 남는 모든 일들을 하는 것
그리고 그 순간에 웃고 즐기는 것

새벽공기

가끔 아주 늦은 밤

나는 뜬 눈으로 밤을 지샌다
마치 아무도 없는 것 같은 고요함이
나와 같기에

그리고 점점 눈을 감고
어둠 속으로 빠져들어간다.

자기혐오

"엄마 난 엄마만큼 날 사랑하지 않나 봐"
얼마 전 노래를 듣다가 우연히 귀에 박힌 가사
맨날 자식 걱정하시는 우리 부모님
가끔 통화라도 할 때면
좀 더 힘찬 모습 보이고 싶어
오늘 하루도 참 열심히 살았다고
있던 일 없던 일 부풀려 말해보는데

엄마 나도 엄마만큼 날 사랑하지는 않나 봐.

오늘 참 외롭다

혼자 지내는 지금이
나쁘다 생각해본 적은 없지만
그래도 가끔은 네 생각이 나서
나도 모르게 외롭다
시덥지 않은 얘기라도 나누고 싶어
친구들에게 연락해봐도
오늘은 다들 바쁘네

오늘따라 참 외롭다.

기적에 대하여

매일 밤 눈을 감으며,
내일 아침 내가 사라지기를 바라지만

또 한편으로는 희망을 믿고 싶기에
오늘도 난, 알람 시계를 맞춘다

오늘도 역시 알람은 날 깨우고,
나는 또 내가 눈을 떴다는 것에 안도한다.

자기혐오2

사랑받고 있는 내가
외로움을 느낀다는 게
늘 사치라고 생각하지만

그냥 문득 돌아봤을 때
오늘 밤 사뭇치게 외롭다
외롭고 외로워서 손 한번 뻗어보는데
멀리서 보면 내 손만 바둥대는 거 같아서
그게 그냥 좀 별로더라고

외통수

내가 상처받는 게 두려워
너에게 점점 더 상처를 냈다
너의 상처가 늘어갈수록
너와 점점 멀어지게 되고

어느 순간 내 뒤에는
벽 밖에 없더라

무한한 공허감

뭔가를 하면 할수록 더 비워지는 기분이다
잠은 오래 잘수록 더 피곤해지고
사람을 만나더라도 돌아오는 건 허무함 뿐
이 공허를 채워보려 노력하면 할수록
내가 더 비참해지는 기분이다

내가 그렇게 점점 더 비워져
언젠가는 사라질 것 같은 그런 기분이다.

나태함에 대하여

나도 모르는 사이
내 몸 안 곳곳에 독이 퍼졌다
의식조차도 못한 채 독은 점점 내 몸을 감쌌고
어느새 나는 잠식돼 버렸다
내가 가장 싫어하던 것들이
어느새 내가 되어버렸다

자기혐오3

흘러가다 보면 뭐라도 될 것 같다는
생각을 한 적이 있다
하지만 흘러가기만 하다 보면
그저 나는 정처 없는 사람이 될 뿐이다
무언가를 결심하는 게 쉽지 않은 요즘
나는 오늘도 어딘가에 닿기를 바라며
흘러가기를 바라는 중이다

어디에 닿으려면
헤엄을 쳐야 한다는 사실을 망각한 채

흔한 술주정

아무것도 안 하며 흘러가는 밤이 싫어
술에 의지해 잠이라도 자보려 했지만
술은 나를 더 사색가로 만들고
술이 불러낸 데카르트는

오늘도
생각을 멈출 줄을 모르네

꿈의 가치

요즘 내 꿈은 그냥
남들처럼 평범하게 사는 거다
평범의 기준이 근데
점점 더 높아지고 있다
남들처럼 웃고, 남들처럼 행복한 거
그거 하나가 내 꿈인데
그게 그렇게 어려운 꿈이더라

자기혐오4

어떤 일을 해도 모두 다 비슷하다
내게 돌아오는 밤은 또 어둡기만 하니까
누군가 날 깎아내려도
아무렇지 않다
매일 밤 나를 가장 깎아내리는 건
누구보다 내 자신이니

尖銳(첨예)

차분하게 말을 다듬는다
다듬고 다듬은 말은
비수가 되어 그의 가슴에 박힌다
날카로운 비수는 쉽게 빠지지 않을 것이다
나는 그걸 알면서도
오늘도 말을 다듬어
그에게 던졌다.

바쁨의 이유

힘들 때마다 나는
나를 더 몰아붙인다
내 몸마저 멈춰버리면
나마저 사라지는 것 같으니
그래서 오늘도 난 벼랑 끝에 서있다

자기혐오5

나는 지금 살아있나?
내 손을 통해 느껴지는 모든 것들이
더 이상 아무것도 느껴지지 않는다
재미라는 감정은 이미 사라진지 오래고
나 자신을 잃어버린 것 또한
이미 과거의 일이 돼 버렸다

이런 삶에 의미가 있을까

나에 대해

나의 하루에 관심도 없던 사람들이
나에 대해 얘기를 한다
내 단면만 보고는 그게 내 전부인듯 평가를 내린다
그래서 나도 나를 잃었다

나는 지금 누구를 연기하고 있는 걸까

흐림의 이유

날이 안 좋기를 바란다
날씨마저 좋다면
내 기분이,
내 모습이
더 초라해질까 봐

나의 사춘기에게

성인이 되면 자유롭고 행복할 줄 알았던
내 과거에게
미안.
지금 나는 니 생각만큼 자유롭지도
또 그렇다고 행복하지도 않네
그래도 너는 계속 꿈을 꿔 줘
그때 내가 꿨던 꿈들이
지금 내가 살아가는 원동력이 되니까

거울

담담하게 써내려 갈 나의 글 한자에
조그마한 의미라도 담아내고자
오늘도 나는 세상을 보고 나를 또 본다
세상의 모퉁이에서 나는
여기저기 적응도 못 한 채
오늘도 의미를 찾고자 여기저기 헤맨다
어디 한 곳에도 포함되지 못한 어중간한 나는
그냥 단지 세상을 본다
그냥 단지 거울을 본다

자기혐오6

난 원래 그래,
원래 못났고 처음부터 아니야
어릴 적 나는 뭐든지 할 수 있고
뭐든지 될 수 있던 것 같았는데

언제부터 내가 날 포기했는지,
무엇이 그렇게 힘들었기에
내가 나를 밀어냈는지

유서

후회없이 살겠다고 늘 생각해왔는데
지금 돌아보니 많은 순간들이 후회스럽네요
사랑하는 부모님 사랑하는 친구들
그리고 사랑했던 내 자신.
저는 평범한 행복을 꿈꿨으며
늘 특별해 보이는 사람들이 부러웠습니다.
사랑받고 싶고 관심 받고 싶고
어쩌면 너무 욕심을 부린 것이 아닐까 싶네요
다시 돌아보니 이것도 후회스럽네요,
후회밖에 안 남은 인생이었지만
그래도 주변에 좋은 사람들을 만날 수 있어
행복했습니다.
어쩌면 누군가에겐 제가 특별해 보였을 수도 있었겠죠,
사라질 때가 다가오니 별 생각이 다 드는군요.
그렇게 생각해보니 그럭저럭 괜찮은, 평범하지만 행복한
그런 삶을 살다가 가는 것 같습니다.

'꽃은 이쁘고 날은 따스했던

어느 봄 날에'

여유가 없어

늘 외롭다는 생각은 하지만
누군가가 다가올 때
나도 모르게 밀어내게 돼
남들은 다 쉽게 사랑하는 거 같은데
내 마음엔 여유가 없는 거일지도
누군가를 사랑하기 전에
내 스스로도 나를 안 사랑하는 것 같으니까

마지막 내편

일이 잘 안 풀렸을 때
나까지 나를 돌아서면
내 자신이 너무 쓸쓸해 보여
나라도 날 믿고
위로해주는 오늘 밤

웃는 가면

밝은 척을 했다

내 본 모습을 감추기 위해

어느새 밝은 척이 내 본 모습이 됐다
나는 지금 웃고 있는 걸까
아니면 울고 있는 걸까

'아무것도 하고싶지 않을 때
밝은 척이라도 한다'

3. 평범한 상념

3. 설명하는 상대

뜨거운 인생

길을 걷다 사소한 배려를 마주할 때가 있다
그 사람에겐 몸에 익은 작은 배려였을지라도
받는 입장에서는 작지 않게 다가온다
누군가의 하루에 작은 울림을 줄 수 있는 사람,

나도
뜨거운 마음을 가지고 따뜻하게 살아가고 싶다

더 좋아질 내가 있으니까

비가 오는 날이 꼭 좋지 않은 날은 아니고
그렇다고
맑은 날이 꼭 좋은 날인 것도 아니다
그러니까 우리도 하는 일마다 힘든 것 같아도
꼭 그게 안 좋다고 생각하지는 말기를

재앙

사람은 서로가 서로에게 재앙이다
내게 절망처럼 느껴지는 누군가도
또 다른 재앙 앞에서는
한없이 나약해질 뿐이다
그리고 나도 누군가에게는 재앙이겠지
우리는 본인이 재앙이라는 사실은 잊어버린 채

오늘도 멸망 속에서 살아간다

관계의 특이성

인간관계가 참 희한하다
나랑 안 맞는 사람이 또 누군가랑은 잘 맞고
나랑 잘 맞는 사람이 또 누군가에게는 아닐 수도
근데 나랑 잘 맞는 사람이
내가 싫어하는 사람이랑 친하게 지내는 거

그거 하나는 좀 싫더라

시선의 집중

길을 걸으며 모든 신경을
주위로 돌려본 적 있는가?
길거리에서 과일을 파시는 할머니
횡단보도를 건너는 저 학생들
하늘을 날아다니는 잠자리들
또 하루를 열심히 보내는 생선가게 아저씨

우리는 언제나 찬란한 풍경속에서 살아간다

그늘 속에서

사람은 누구나 저마다의 그늘을 가지고 있다
많은 이들은 이를 감추고자 애를 쓰지만
때로는 자기보다 더 큰 그늘에 들어간 것 뿐이면서
그것이 스스로의 그늘인 양 착각해
우울에 빠지곤 한다
그저 한 걸음 내딛기만 하면 벗어날 수 있다는 것을
본인만 모른 채
어쩔 때는 햇살이 너무 따가워 보여,
또는 그늘 밖의 세상이 무섭기만 해
자기도 모르게 스스로를 구속해
한없이 내려가기도 한다.

실패를 경험했고 또 알지 못한 모든 것들은
늘 두려움을 동반하기 마련이니까
하지만 때가 지나고 나면 모든 건
단지 마음의 문제였다는 것을 자각한다

'가끔 한발짝만 걸어보는건 어떨까'

시간의 숲

말없이 묵묵히 따라가 주는 것

혼자 걷고 있다 생각한 내 시간의 숲에
누군가 함께한다는 것 자체로
나에게는 힘이 되기에

게으른 욕망

사람은 누구나 다 욕망을 가진다
욕망은 성공의 촉진제가 될 수도
실패의 지름길이 될 수도 있다
나는 누구보다 욕망을 가진 사람이며
누구보다 게으른 사람이기도 하다
게으른 욕망은 그저 나를 갉아먹을 뿐

어쩌면 이미 잡아 먹힌 상태의 몸부림일수도

바다 같은 사람

바다 같은 사람이 되려고
너무 깊고 또 너무 넓어서
그 밑에는 뭐가 있는지 아무도 모르게
비가 와도 눈이 와도 아무 일도 없던 것처럼
그 자리 그대로 꿋꿋이
그냥 괜찮은 바다가 되려고
그냥 버티는 사람이 되려고

아버지

어릴 때 아빠한테 한 질문
"아빠는 왜 친구가 없어?"
지금에서야 나도 어느정도 알게 된

시간을 안내도 볼 수 있던 친구들이
시간을 안내면 볼 수 없어진다는 거
그니까 내 옆에 있는 친구보다
지켜야 되는 내 일과 가족이,
어쩌면 아버지는
가족을 그만큼 사랑하신 거겠지

무제

마지막에 웃는 놈이 좋은 삶이라 생각해
앞만보고 계속 달려왔는데,
시방 이제야 돌아보니까
자주 웃고 살았던 놈이 나보다 더
어쩌면 나보다 훨씬 괜찮은 인생을 산 것 같아

그니까 너도 웃기도 하고 주변도 돌아보면서
매 순간 최선을 다 해보고 나보다는 좋은 삶을 살거라

눈으로 듣는 것들

내리는 눈 소리, 해가 뜨는 소리, 꽃이 피는 소리에
귀를 기울여 본 적이 있나요?
세상의 아름다운 것들은
언제나 요란하지 않은 모습으로
우리의 곁에 머무릅니다
그리고 우리의 곁에서 사라질 때도 소리 소문 없이
사라지곤 하죠
아무도 모르게 다가와서는 아무도 모르게 사라지는

아름다운 것들은 왜 매번
나에게서 떠나가는 것일까요

모래알 추억

문득 좋았던 순간의 기억을 떠올리면
좋았던 감정만 남아있을 뿐
그런데
그 때 보냈던 시간들이
좀처럼 멀어 보이다 어느새
그냥 없었던 일이었던 것처럼 흐려진다

그래서 그 감정 하나를 가지고
좋았던 순간을 끊임없이 상상하곤 한다
상상하고 또 상상하고
좋았던 순간을 조금이라도 지키기 위해

최선과 차악

언제나 최선이란 건 없더라
최악과 차악만이 존재할 뿐
수많은 차악들이 쌓이고 쌓여
내게 언젠가 최선이 될 뿐
내가 실망스러웠던 순간들도
그저 나쁘기만 한 순간은 아니더라고

을의 인간관계

너는 알까
널 만나려고 한 내 노력을
너 하나 만나자고 겨우 뺀 내 시간에
남는 건 그냥 허무함 뿐이라
다음엔 안 그래야지 하면서도

오늘도 난 너 하나를 위해 노력하고 있네

一場春夢(일장춘몽)

자유롭게 우주를 떠돌았다
나는 영웅이고 우상이었다
또 저 바다를 헤엄쳤다
나는 빛이고 소금이었다
심장이 터져라 다리가 찢어져라
나는 계속 자유롭게 달렸다
나는 라이카 나는 흰수염고래 나는 치타였다

이 모든게 한바탕 꿈이니
나는 온 평생을 그대처럼 살았다

가족이었다

당신의 품을 벗어나 혼자 걷기 시작했을 때,
세상이란 바람이 그렇게나 강한지 처음 알았다.
당신이란 버팀목이 없어진 지금
나는 혼자 정처 없이 떠돌고 있다.
당신의 소중함을 잊어갈 때쯤,
이제는 내가 누군가의 버팀목이 되었다.

가족이었다.

사람의 본성

사람은 보통 바뀌지 않는다
"저 사람은 다를 거야"
기대하는 내 생각만이 바뀔 뿐

그러니 누군가 바뀐 것 같다면
그 사람은 당신을 그저 맞춰주는 것 뿐
그 이상 그 이하도 아닌 것 뿐

눈물과 바다

저 바다는 무엇을 품고 있길래 저리도 짤까?
어쩌면 바다같이 넓은 마음이라는 사람들의 편견에
억지로 꾹꾹 참고 있던 건 아닌지

어쩌면 우리도 마찬가지
잘 해야 한다는 압박과 다른 사람들의 시선
억지로 세상의 틀에 맞춰 살아야 할 만큼
무엇이 우리를 힘들게 만들었는가?
아 그래서 눈물이 그토록 짜고 진했던가
그 눈물이 당신의 마음을 대신했던가

선택과 후회 그리고 어쩌면

지금도 가끔 생각나
그 때 내가 그러지 않았다면
어쩌면 지금 나는 달라져 있을까
근데 어쩌면
그 모든 선택들과 후회들이
나를 이루고 있을지도 몰라
끊임없이 선택하고 또 후회하기에
내가 존재하는 거지

편지

아가,
무슨 일이 있어도 네 마음이 이끄는 일을 하려무나
사실 세상은 네 마음만큼 잘 풀리지는 않을 거야
너와 맞지 않는 사람들은 계속해서 생길 거고,
이 할미는 네가 그런 사람들 때문에
힘들어하지는 않았으면 좋겠어
내가 이때까지 봐온 너는
누구보다 빛나고 사랑스러운 아이거든
그러니까 아가 남들 눈치는 보지 말고
지금 너가 하고 싶은 일을 하거라

오늘과 내일

오늘이란 뭘까
단지 수많은 미래로 다가가는 진행이고
아주 먼 과거에서부터 다가온 그 사이
그저 그 사이에 끼인 것이 아닌가
눈을 감고 내일을 기다린다고 해서
내일은 영원히 오지 않는다
우리에겐 단지 끝없는 오늘과
지나간 어제만 남을 뿐

소중함의 변주

가끔 너무 소중했던 일은
당연한 일이 되었고
너무 소중했던 사람은
바라는게 많아져 실망만 커지고

더 이상 소중한 것이 없어진 내게
마지막 남은 소중한 추억
근데 그 추억 속의 사람이 너무 달라져
사라져 가는 마지막 추억

길

내가 해왔던 걸 믿고
또 지금의 나를 의지하면
내가 걷는 길이 곧 옳은 길이다
내가 가는 길의 끝에는
꼭 내가 원했던 것이 있기를

기억

왜 매번 중요한 것들은 기억이 나질 않고
사소한 것들만 머리속에 맴돌까요

창백한 푸른점

새벽 4-5시쯤
온 세상이 푸른 빛으로 맴돈다
그 시간에 맡는 새벽 냄새가 좋다
묘하게 선선하고 상쾌한 기분
우리를 제외한 모든 것들이 멈춰만 있는 것 같은 기분
그런 기분이 좋다

글을 마치며

처음 책을 내고 싶다는 생각을 했을 때는 사실 무모한 도전이 아닐까 싶었다 사실 그 당시에는 도망치고 회피하는 게 습관이 된 것만 같았고 무언가를 이뤄낸다는 건 대단하고 엄청 난 사람들이 하는 거지 초라한 내가 뭘 할 수 있을까 싶은 생각이 많았던 것 같다. 그래서 그 마음을 단지 시간이 없다는 핑계로, 또 여건이 안된다는 핑계로 마음을 외면하며 어쩔 수 없이 못한다고 단지 그것 뿐이라고 스스로 결정에서 도망치고는 했다.
실제로 마음을 결정하고 실행하는 건 단지 일주일밖에 걸리지 않는 일이었다 "단지 일주일" 이렇게 쉬운 일을 왜 그렇게 오랫동안 고민하고 무서워했던걸까
사실 도전을 하기까지 시간이 오래 걸리는 것 뿐이지
일단 시작하면 우리 모두는 이뤄낼 수 있는 사람들이다.
글을 모으며 다시금 썼던 글들을 읽어보니 그 순간에 치열했던 내 모습이 글에 작게나마 보이는데 '지금의 내가 과연 그때만큼 치열할까? ' 라는 생각에 부끄러워지는 지금이다. 하지만 지금 이 순간도 나중에 본다면
가장 아름답고 치열한 순간일 것이다.

미약하기만 한 내 글이 세상에 첫 발걸음을 낸다는 것이 설레기도 또 긴장되기도 한다.
나보다 먼저 세상을 경험할 내 글들에게
더 좋은 사람들에게 다가가 너를 더 잘 이해해 줄 사람들에게 닿기를 바란다

                    날이 선선했던 7월 어느 여름날에
                              강태민

그래도 인생은 아름다워

강 태 민   지음
@xamm_in

초판 1쇄 발행 2024년 7월 17일

ISBN 979-11-988248-9-9
published by observ.
contact @obser_vv

가 격 9,100원

이 책은 저작권법에 따라 보호를 받는 저작물입니다.
양측의 서면 동의 없이 무단전재 및 복제, 수정을 금합니다.